Kalte Platten

heiß serviert

G. Poggenpohl

Kalte Platten

heiß serviert

EDITION XXL

Wer will schon, wenn er eine große oder auch nur eine kleine Feier hat, ständig in der Küche stehen!

Kalte Platten sind hier genau das Richtige. Man kann sie in aller Ruhe vorbereiten, die Platten anrichten und dann der Feier gelassen entgegensehen. Viele schätzen die kulinarische Vielfalt, die kleinen Leckereien. Das Schnabulieren hier und dort. Zunächst was Herzhaftes, dann was Pikantes, und schließlich auch noch etwas Süßes.

Ein weiterer Vorteil ist, dass die leckeren kleinen Gaumenfreuden den ganzen Tag oder Abend zur Verfügung stehen.

Da bekanntlich das Auge mitisst, sind die hübsch dekorierten Platten eine Augenweide und laden immer wieder zum Nachfüllen der Teller ein.

Die Rezepte für die kalten Platten in diesem Buch sind so kreiert, dass Sie sich aus der Vielfalt je nach Anlass oder Größe Ihrer Feier Ihr eigenes kaltes Büfett zusammenstellen können.

Wenn nicht anders angegeben, sind die Rezepte für 6 Personen als Häppchen gedacht. Das heißt, wenn Ihre Gäste mit einem Gericht satt werden sollen, dann sollten Sie die Mengen verdoppeln.

Ich wünsche Ihnen nun viel Spaß beim Ausprobieren der Rezepte, vor allem aber beim Genießen der leckeren Häppchen in geselliger Runde.

Ihr G. Poggenpohl

* Kalte Platten und Büfetts – Gaumenfreuden für besondere Anlässe

Kalte Platten haben sich gewandelt, es sind nicht mehr die mit Fleisch überladenen Platten, die Lust auf das Zugreifen machen, sondern die raffinierten Köstlichkeiten. Heute wollen wir Gaumenfreuden erleben, was Leichtes essen. Nicht pappsatt am Tisch sitzen und denken, wo ist das nächste Bett. Partys gehören heute zu einem jungen Lebensgefühl. Das Besondere an kalten Platten ist doch, dass wir reden, trinken und essen können, und zwar in zwangloser Atmosphäre, ohne an einen Tisch gefesselt zu sein. Und wenn es da, wo ich gerade bin, langweilig wird, dann nehme ich meinen Teller, mein Glas und suche mir neue Gesprächspartner.

* Was Sie beachten sollten!

Stellen Sie die Platten erst kurz vor dem Beginn Ihrer Feier auf die dafür vorgesehenen Tische. Sollte das so nicht möglich sein, dann decken Sie die Platten mit Alufolie ab. Oft ist es auch hilfreich – gerade wenn Sie empfindliche Zutaten wie z. B. Fisch oder Salate haben –, dabei eine zweite Platte mit gehacktem Eis unter die Platte zu stellen.

* Der Einkauf

Wie bei jedem Essen schmeckt es nur so gut wie die dafür verwendeten Zutaten. Suchen Sie Ihre Zutaten mit Bedacht aus, welkes Gemüse ist beim späteren Servieren noch welker. Gehen Sie nicht zu früh einkaufen, manche Sachen kann man zwar schon zwei Tage vorher einkaufen und zubereiten. Besser ist es jedoch, am gleichen Tag in der Frühe zum Einkaufen zu gehen und dann mit ein paar Freunden die Platten zuzubereiten.

* Die Zubereitung

Als Erstes sollten Sie mit dem Abbraten des Fleisches beginnen. Das Fleisch nicht zu lange braten, sondern lieber in Alufolie erkalten lassen. Brot, das Sie als Unterlage für Braten, Wurst, Salate oder andere Dinge verwenden wollen, sollten Sie immer vorher abrösten, es weicht dann nicht so schnell durch.

* Die Lagerung

Kalte Platten sollten Sie immer mit Frischhaltefolie abgedeckt im Kühlschrank oder an einem kühlen Ort aufbewahren. Denn fertig gegarte Lebensmittel nehmen schnell den Geruch und den Geschmack von anderen Lebensmitteln an.

Abkürzungen der Maßeinheiten

kg	Kilogramm
g	Gramm
ml	Milliliter
1 EL	1 Esslöffel = 15 ml = 15 g
1 TL	1 Teelöffel = 5 ml = 5 g
1 ml	1 g
1 l	ein Liter = 1 000 ml = 1 kg = 1 000 g

Zutaten

1 Schweinelende
(ca. 700 g)
Salz
Pfeffer
Paprika
1 TL Sojasoße
Olivenöl

Zum Garnieren:
200 g Frischkäse
250 g rote Johannisbeeren
1 Schale Kresse
Feldsalat

Zubereitung

1 Die Schweinelende von der eventuell noch vorhandenen Haut befreien und mit Salz, Pfeffer und Paprika kräftig einreiben. Die gewürzte Lende auf einen flachen Teller legen und mit der Sojasoße rundum einreiben.

2 Das Olivenöl in einer Pfanne erhitzen und das Filet darin scharf anbraten. Auf kleiner Flamme noch etwa 10 Minuten durchziehen lassen. Anschließend zum Abkühlen auf ein Brett legen.

3 Die kalte Lende in gleichmäßige Scheiben schneiden. Die Fleischscheiben dann auf einem Teller anrichten.

4 Den Frischkäse in einen Spritzbeutel mit Sterntülle füllen und auf jede Scheibe eine Rosette spritzen.

5 Zum Schluss je eine kleine Johannisbeerrispe darüber legen und den Teller mit Kresse garnieren. An den Seiten mit Feldsalat dekorieren.

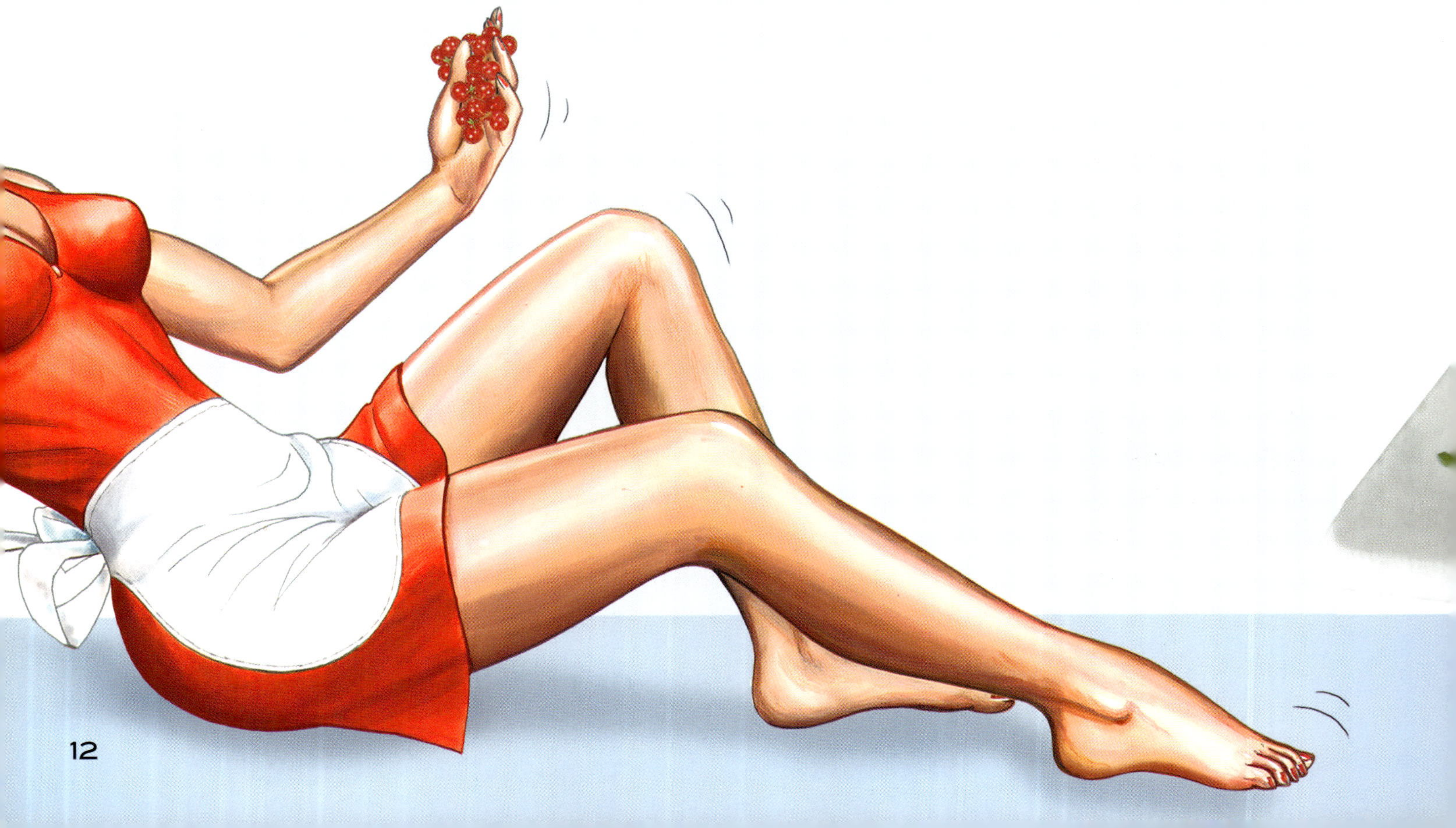

Fruchtige Schweinelende

Tipp:

Die gebratene Lende auf jeden Fall am Stück abkühlen lassen und erst dann portionieren. Schneidet man noch heißes Fleisch, geht viel Bratensaft verloren. Je nach Jahreszeit kann man auch andere Früchte wie zum Beispiel Mandarinen, Trauben, Pflaumen oder Kiwis mit dem Frischkäse kombinieren.
Machen Sie den Feldsalat doch gleich mit einer Vinaigrette aus Salz, Pfeffer, Essig und Öl an. So haben Sie zusätzlich noch eine kleine, schmackhafte Salatbeilage.

Zutaten

30 Scheiben Toastbrot
1 Kopfsalat oder
1 Lollo bianco
6 Eier
5 Tomaten
30 Scampi
3 Knoblauchzehen
12 Scheiben Putenbrust
12 Scheiben Salami
18 Scheiben Kräuterkäse mit Paprika
1 Bund gemischte Kräuter
Majonäse
6 Cornichons
½ Salatgurke

Zubereitung

1 Den Salat putzen und waschen. Die Eier ca. 10 Minuten kochen, in kaltem Wasser abschrecken, abpellen und in Scheiben schneiden. Die Kräuter abbrausen, die Blätter von den Stielen zupfen und grob hacken. Die Tomaten waschen und in Scheiben schneiden.

2 Die Knoblauchzehen abpellen und in Scheiben schneiden. Öl in einer Pfanne erhitzen, die Knoblauchscheiben sowie die Kräuter hinzufügen und die Scampi darin braten, bis sie schön rot sind.

3 Die Toastbrotscheiben mit der Majonäse bestreichen und in Dreiecke schneiden. Je ein Blatt Salat auf das Brot legen und dann 5 der Scampi auf den Salat setzen, von den Knoblauchkräutern etwas darauf geben. Dann mit einer Scheibe Toast abdecken.

4 Die anderen Sandwiches jeweils mit einem Salatblatt und dann mit Salami und Scheiben von Salatgurke, Putenbrust und Tomatenscheiben, Käse und Cornichon-Streifen sowie Tomate und Ei belegen.

Tipp:

Die in Amerika so geschätzten Weißbrotdreiecke gewinnen auch bei uns immer mehr an Beliebtheit. Diese Köstlichkeit lässt sich einfach, lecker und variantenreich herstellen. Verwenden Sie Eisberg-, Radicchio- oder Endiviensalat, deren feste Blätter bleiben länger knackig frisch. Sie können Sandwiches auch mit Vollkorn- oder Dinkeltoast zubereiten.

Zutaten

1 kg gemischtes Hackfleisch
1 kleines trockenes Brötchen
1 Zwiebel
1 Ei
2 TL Salz
Pfeffer
Muskatnuss
Fett zum Braten

Zum Garnieren:
1 Dose Ananas in Scheiben
500 g grüne Trauben
1 rote Zwiebel
Zahnstocher
frische Basilikumblätter

Zubereitung

1 Das trockene Brötchen in warmem Wasser einweichen. Die Zwiebel abpellen und in feine Würfel hacken.

2 Das Hackfleisch und die Zwiebelwürfel in eine Schüssel geben. Das Brötchen fest ausdrücken und mit dem Ei zu der Hackfleischmasse geben. Mit einer Gabel das Ganze gut vermischen. Die Masse mit Salz, Pfeffer und Muskatnuss würzen.

3 Das Fett in einer Pfanne erhitzen. Aus der Hackfleischmasse kleine Kugeln formen und etwas platt drücken. Im heißen Fett von beiden Seiten ca. 10–15 Minuten braten. Auf ein Brett setzen und abkühlen lassen.

4 Die Ananasscheiben auf ein Sieb schütten und gut abtropfen lassen. Anschließend den Frikadellen entsprechende Stücke schneiden.

5 Auf jedes Ananasstück eine Frikadelle setzen. Die rote Zwiebel abpellen, vierteln und jeweils in die einzelnen Schichten teilen. Aus je einer Zwiebelschicht kleine Streifen schneiden.

6 Die Trauben abzupfen, waschen und abtrocknen. Die Zwiebelstreifen über Kreuz auf einen Zahnstocher zusammen mit jeweils einer Traube aufspießen und in die Frikadellen stecken.

7 Die garnierten Frikadellen auf eine Platte setzen und mit Basilikumblättchen dekorieren.

Minifrikadellen

Tipp:

Die Früchte und die Zwiebeln geben den Frikadellen einen besonderen Geschmack. Je kleiner und mundgerechter die Frikadellen sind, umso besser. Wenn Reste übrig bleiben, lassen sich die Frikadellen problemlos eingefrieren.

Zutaten

1 Schweinelende (ca. 700 g)
1 l Gemüsebrühe
2 Nelken
1 Lorbeerblatt

Für das Pesto:
2 Bund Rucola
50 g Pinienkerne
1 Schalotte
1 Knoblauchzehe
10 EL Olivenöl
2 EL Balsamicoessig
Zucker
Salz
Pfeffer

Zubereitung

1 Die Schweinelende von der eventuell noch vorhandenen Haut befreien.

2 Die Gemüsebrühe mit den Nelken und dem Lorbeerblatt in einen Topf geben und aufkochen. Die Lende in die Brühe legen und ca. 20 Minuten bei geschlossenem Deckel nur ganz sanft köcheln lassen. Dann den Topf vom Herd nehmen und die Lende über Nacht darin auskühlen lassen.

3 Die Lende aus der Brühe nehmen, die Brühe anderweitig verwenden. Das Fleisch trockentupfen und in dünne Scheiben schneiden. Die Scheiben auf einer Platte anrichten.

4 Den Rucola waschen, schlechte Blätter aussortieren, dann den Rucola trockenschleudern oder länger abtropfen lassen. Den Rucola grob zerkleinern, den Knoblauch und die Schalotte schälen und hacken.

5 Den Rucola mit den Pinienkernen, der Knoblauchzehe, der Schalotte, dem Olivenöl und dem Essig in einer Küchenmaschine pürieren. Das entstandene Pesto mit Zucker, Salz und Pfeffer abschmecken.

6 Das Pesto zwischen dem geschnittenen Fleisch verteilen.

Pochierte Schweinelende mit Rucolapesto

Tipp:

Hier heißt es „Genießen auf italienisch"! Erleben Sie italienischen Lebensstil mit feinem Pesto zu pochiertem Fleisch. In Italien haben Pestos eine lange Tradition. Zu dem pochierten Fleisch können Sie auch abgewandeltes Pesto servieren. Versuchen Sie mal Basilikum, Sauerampfer, Löwenzahnblätter oder Bärlauch.

Zutaten

1 Packung runde Pumpernickel
125 g Nussschinken
150 g Frischkäse
250 g junger Gouda am Stück
1 Schale Physalis
250 g Erdbeeren
250 g Cocktailtomaten
1 Bund Schnittlauch
Basilikum
Petersilie

Zubereitung

1 Von den Physalis die Blätter entfernen, die Früchte waschen und trockentupfen. 2–3 Stück mit Blättern für die Dekoration zurückbehalten. Die Erdbeeren und die Cocktailtomaten waschen und trockentupfen. Die Petersilie waschen und trockenschütteln.

2 Die Pumpernickelscheiben auf eine Platte setzen. Auf ein Drittel der Scheiben jeweils eine Scheibe zusammengerollten Nussschinken legen und zusammen mit etwas Petersilie und einer Physalis mit einem Zahnstocher zusammenstecken.

3 Den Frischkäse in einen Spritzbeutel mit Sterntülle füllen und kleine Rosetten auf ein weiteres Drittel der Pumpernickelscheiben spritzen. Mit einem Stück Erdbeere garnieren.

4 Den Gouda in ca. 5 bis 8 Millimeter dicke Scheiben schneiden und mit einer kleinen Ausstechform Blüten oder Ähnliches ausstechen. Mit einem Zahnstocher den Käse, je ein Basilikumblatt und eine Cocktailtomate auf das letzte Drittel der Pumpernickelscheiben aufspießen. Vorsichtig auf den überstehenden Teil des Zahnstochers einen Schnittlauchhalm schieben.

Pumpernickel-Häppchen

Tipp:

Die Pumpernickelhäppchen sind nicht nur für ein kaltes Büfett eine sehr farbenprächtige Augenweide, sie sind auch eine gute Grundlage für den Herrenabend und sättigen sehr schnell. Die Dekoration mit jeder Art von Wurst, Käse oder auch Fisch ist möglich. Pumpernickel ist sehr lange haltbar und kann auf Vorrat zuhause aufbewahrt werden. Mit allem, was der Kühlschrank hergibt, kann man auch für unerwarteten Besuch etwas zaubern.

Zutaten

8 Hähnchen-
unterkeulen
3 EL Mehl
2 Eier
150 g Paniermehl
Bratfett
Rosenpaprika
Salz
Pfeffer

Zubereitung

1 Die Hähnchenkeulen an den Knochenenden von Haut und Knorpel befreien und vollständig enthäuten. Auf einem Teller zwei Eier aufschlagen und verquirlen. Das Mehl und das Paniermehl auf jeweils einen Teller geben. Die Hähnchenkeulen mit Paprika einreiben, mit Salz und Pfeffer würzen.

2 Die Hähnchenkeulen erst in dem Mehl, dann in dem Ei und zum Schluss in dem Paniermehl wälzen. In einer Pfanne reichlich Öl mäßig erhitzen. Bei mittlerer Hitze etwa 15 Minuten goldbraun braten.

Putenbraten mit Walnusspesto

Zutaten

1 kg Putenbraten
3 EL Bratfett
150 g Walnüsse
50 g geriebener
Parmesankäse
50 ml Distelöl
Salz
Pfeffer

Zubereitung

1 Den Putenbraten waschen und mit Salz und Pfeffer würzen.

2 In einem Bräter etwas Bratfett erhitzen und das Fleisch von allen Seiten anbraten. Den Putenbraten im Backofen auf mittlerer Schiene bei 180° C etwa 45 Minuten schmoren.

3 Dann den Braten aus dem Ofen nehmen und in Aluminiumfolie wickeln, auskühlen lassen. So bleibt das Fleisch schön saftig.

4 Die Walnüsse, den Parmesankäse und das Distelöl in einem Mixer zu einem Pesto verarbeiten. Das Pesto mit Salz und Pfeffer abschmecken.

5 Den Putenbraten dünn aufschneiden und auf einer Platte anrichten. Das Pesto dazu servieren.

Panierte Hähnchenkeulen

Tipp:

Zartes Geflügelfleisch ist immer wieder ein Genuss. Gerade Hähnchenunterkeulen kann man einfach aus der Hand essen. Mit der Panade sehen sie auch hübsch aus. Der Putenbraten ist vor allem etwas für Figurbewusste. Putenfleisch hat wenig Kalorien, und ein wenig Pesto dazu schadet dem Gewicht sicher nicht.

Zutaten

6 dünne Schweineschnitzel
50 g Meerrettich aus dem Glas
50 g mittelscharfer Senf
200 g Mehl
3 EL Schlagsahne
3 Eier
100 g Paniermehl
100 g Cornflakes
100 g Sesam
Bratfett
Salz
Pfeffer

Zubereitung

1 Die Schweineschnitzel plattieren und in je zwei kleine Stücke teilen. Die Stücke salzen, pfeffern und auf beiden Seiten mit dem Meerrettich und dem Senf bestreichen.

2 Die Cornflakes zerstoßen. Die Eier aufschlagen, verquirlen und mit der Sahne vermischen. Das Mehl, die Ei-Sahne-Mischung und die Cornflakes sowie den Sesam auf Teller verteilen.

3 Die Schnitzel nacheinander im Mehl, in den Eiern und in den verschiedenen Panaden wenden.

4 Das Bratfett in einer Pfanne erhitzen und die Schnitzel darin bei mittlerer Hitze auf beiden Seiten goldbraun braten.

5 Sie können die Schnitzel warm oder kalt servieren.

Sauerrahmsoße

Zutaten

350 ml Crème fraîche
2 EL Sahne
Salz
Cayennepfeffer

Zubereitung

1 Die Crème fraîche mit der Sahne verrühren und mit Salz und Cayennepfeffer vermischen.

Pikante kleine Schnitzel

Tipp:

Kleine Schnitzel sollten bei keinem Büfett fehlen. Wenn sie dann noch interessant gewürzt sind, werden sie immer wieder gerne gegessen. Hier im Rezept habe ich außer der sonst üblichen Paniermehlpanade zwei andere Panaden beschrieben. Dadurch bekommen die Schnitzel einen noch besseren Geschmack.

Zutaten

6 dünn geschnittene Rindfleisch-Scheiben
3 Karotten
250 g Brät
2 EL scharfer Senf
2 Zweige Rosmarin
1 EL Bratfett
Salz
Pfeffer

Zubereitung

1 Die Karotten schälen, längs in Streifen schneiden. Die Rosmarinnadeln von den Stielen zupfen und klein hacken.

2 Das Brät in eine Schüssel geben und mit Senf sowie dem Rosmarin vermischen und mit Salz und Pfeffer abschmecken.

3 Die Fleischscheiben auslegen, mit Salz und Pfeffer würzen. Mit einem Messer Brät auf dem Fleisch verteilen, jeweils 3 Karottenstreifen darauf legen und alles zu einer Roulade zusammenbinden.

4 Das Bratfett in einem Bräter erhitzen, die Rouladen darin anbraten, dann mit etwas Wasser aufgießen und ca. 50 Minuten im Backofen bei 180° C garen. Die Rouladen auskühlen lassen, das Garn entfernen und die Rouladen mit einem scharfen Messer in ½ cm dicke Scheiben schneiden.

Marinierter Braten

Zutaten

1 kg Schweinebraten
3 EL Honig
4 EL Öl
4 EL Sojasoße
1 TL edelsüßer Paprika
1 EL Bratfett
Salz

Zubereitung

1 Den Honig, das Öl, die Sojasoße und den Paprika in eine Schüssel geben und miteinander verrühren. Die Marinade mit Salz abschmecken.

2 Den Braten mit der Marinade einpinseln. Das Ganze ein paar Mal wiederholen.

3 Bratfett in einem Topf erhitzen und den marinierten Braten darin anbraten. Mit etwas Wasser aufgießen und im Backofen bei 180° C ca. 1 ½ Stunden garen. Immer wieder mit der Marinade bepinseln.

4 Den Braten aus dem Ofen nehmen, auskühlen lassen und in dünne Scheiben schneiden.

5 Servieren Sie dazu aufgeschlagene Sahne, mit Meerrettich vermischt.

Gefüllte Rouladen

Tipp:

Braten, ob gefüllt oder mariniert, erfreut sich immer einer großen Beliebtheit. Gerade durch die Füllung kann ich den Fleischscheiben eine interessante Geschmacksrichtung geben. Durch unterschiedliche Zutaten im Brät, wie z. B. Knoblauch, Kräuter, Senf oder Trockenfrüchte, bekommt das Ganze immer wieder eine neue Richtung. Bei einem ganzen Stück Fleisch verändere ich den Geschmack durch das Marinieren und das anschließende Begießen beim Braten.

Zutaten

1 kg Rinderhack
2 Zwiebeln
2 Knoblauchzehen
1 rote Chilischote
8 Scheiben Toastbrot
2 Eier
1 EL Senf
½ Bund Petersilie
1 EL Schwarzkümmel
1 EL Sesam
1 TL Zimt
50 g Ingwer
3 EL Öl
Salz
Pfeffer

Zubereitung

1 Die Zwiebeln und die Knoblauchzehen abpellen und fein hacken. Die Chilischote halbieren, die Kerne entfernen und das Fruchtfleisch in feine Streifen schneiden. Den Ingwer schälen und fein hacken. Das Toastbrot ohne Rinde in lauwarmem Wasser ca. 5 Minuten einweichen. Die Petersilie abbrausen, ausschütteln, die Blätter von den Stielen zupfen und fein hacken.

2 Das Hackfleisch in eine Schüssel geben. Das Toastbrot ausdrücken, zu der Hackfleischmasse geben, mit den Zwiebeln, dem Senf und den Eiern vermischen.

3 Die Hackfleischmasse auf drei Schüsseln aufteilen. Jede Schüssel anders würzen. Die erste Hackfleischmasse mit Chili, Knoblauch, Schwarzkümmel, Salz und Pfeffer würzen. Zur zweiten Hackfleischmasse den Zimt, den Sesam, Salz und Pfeffer geben. Die dritte Hackfleischmasse mit der Petersilie, dem Ingwer, Salz und Pfeffer abschmecken.

4 Das Öl in einer Pfanne erhitzen, aus dem Hackfleisch Bällchen oder Röllchen formen und von beiden Seiten ca. 10 Minuten bei mäßiger Hitze braten.

Ayvar

Zutaten

6 rote Paprikaschoten
150 ml Olivenöl
2 Auberginen
1 rote Peperoni
2 Knoblauchzehen
1 Zwiebel
1 Fleischtomate
Zitronensaft
Salz
Pfeffer

Zubereitung

1 Die Paprikaschoten waschen, halbieren, entstielen, entkernen, die weißen Scheidewände entfernen. Die Paprikastücke mit Öl einpinseln und mit der Hautseite nach oben auf ein Backblech legen.

2 Im Ofen bei 200° C ca. 15 Minuten backen, bis die Haut der Paprika Blasen wirft.

3 Das Backblech auf einen Rost stellen. Die Paprikastücke 10 Minuten unter einem feuchten Tuch ruhen lassen, dann häuten.

4 Die Auberginen waschen, dünn schälen und in Würfel schneiden. Die Peperoni halbieren und entkernen. Die Knoblauchzehen und die Zwiebel abziehen und in Würfel schneiden. Die Tomate kreuzweise einschneiden und einige Sekunden in kochendes Wasser legen, kurz in kaltem Wasser abschrecken, dann enthäuten, halbieren, entkernen, den Stängelansatz herausschneiden und das Fruchtfleisch würfeln.

5 Die vorbereiteten Zutaten mit Olivenöl und Zitronensaft mit dem Pürierstab so zerkleinern, dass ein Mus entsteht. Die Soße mit Salz und Pfeffer würzen.

Orientalische Hackfleischbällchen

Tipp:

Zu einem kalten Büfett gehören einfach Hackfleischbällchen, aber etwas anders im Geschmack als die üblichen Frikadellen sollten sie schon sein. Nicht das langweilige Zeug, das wir schon seit Jahren kennen. Hier ein paar Fleischbällchen in einer orientalischen Geschmacksrichtung. Mit der richtigen Soße dazu sind sie ein wahrer Genuss.

Zutaten

8 Spitzpaprika
1 Bund Frühlingszwiebeln
300 g Frischkäse
100 g Jogurt
1 EL roter Pfeffer
Salz
Pfeffer

Zubereitung

1 Die Paprikaschoten waschen, halbieren und die Kerne entfernen. Die Frühlingszwiebeln putzen und in feine Ringe schneiden. Den roten Pfeffer in einem Mörser zerstoßen.

2 Den Frischkäse in eine Schüssel geben und mit dem Jogurt, den Frühlingszwiebeln und dem roten Pfeffer zu einer cremigen Masse verrühren. Das Ganze mit Salz und Pfeffer abschmecken.

3 Die Spitzpaprika mit dem zubereiteten Frischkäse füllen.

Gefüllte Tomaten

Zutaten

8 Tomaten
1 Makrele
1 EL Kapern
50 ml süße Sahne
125 g Crème fraîche
Salz
Pfeffer

Zubereitung

1 Die Tomaten waschen und abtrocknen. Mit einem scharfen Messer die Kuppen der Tomaten abschneiden. Die Kerne mit einem kleinen Löffel vorsichtig entfernen.

2 Die Makrele häuten, entgräten und in kleine Stücke schneiden. Das Makrelenfleisch, die Kapern und die Sahne mit einem Pürierstab zerkleinern.

3 Das Püree mit Crème fraîche verfeinern und alles mit Salz und Pfeffer abschmecken. Die Füllung in die vorbereiteten Tomaten geben.

Gefüllte Spitzpaprika

Tipp:

Gefülltes Gemüse wird immer wieder gerne gegessen und es sieht auch noch richtig gut aus. Frisches Gemüse schmeckt mit einer pikant herzhaften Füllung genauso wie mit einer feinen. Vor allem in der heutigen Zeit sind vegetarische und leichte Gerichte gefragt.

Zutaten

20 Scheiben dünn geschnittener, roher Schinken
3 Tomaten
2 Knoblauchzehen
30 g Kapern
2 Stangen Frühlingszwiebeln
2 Kugeln Mozzarella
2 EL Olivenöl
Salz
Pfeffer

Zubereitung

1 Die Tomaten waschen, halbieren und den Stielansatz entfernen. Dann die Tomaten in kleine Würfel schneiden.

2 Die Knoblauchzehen abpellen, mit einem breiten Messer zerdrücken und klein hacken. Die Frühlingszwiebeln putzen und in feine Ringe schneiden. Den Mozzarella in kleine Stücke schneiden.

3 Das Olivenöl in einer Pfanne erhitzen. Die Tomaten, die Frühlingszwiebeln, den fein gehackten Knoblauch und die Kapern dazugeben und kurz anbraten. Danach die Masse zum Abkühlen in eine kleine Schale füllen.

4 Den klein geschnittenen Mozzarella untermischen. Mit Salz und Pfeffer würzen.

5 Die Schinkenscheiben auf einer Arbeitsfläche über Kreuz auslegen. In die Mitte je einen Esslöffel der Füllung geben. Die Enden der Schinkenscheiben hochziehen und mit einem Zahnstocher zusammenstecken.

Bruschetta

Zutaten

1 Baguette
5 Tomaten
1 Bund Basilikum
2 Zwiebeln
3 Knoblauchzehen
10 EL Balsamicoessig
5 EL Olivenöl
Zucker
Salz
Pfeffer

Zubereitung

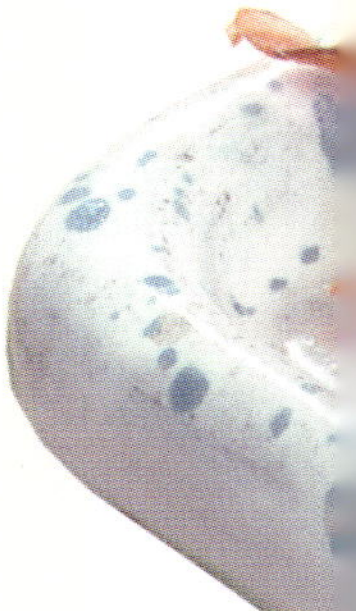

1 Die Tomaten waschen und in Würfel schneiden. Die Blättchen des Basilikums von den Stielen zupfen und in Streifen schneiden, einige davon für die Dekoration zurücklegen. Die Zwiebeln und die Knoblauchzehen abpellen und fein hacken.

2 Die Tomaten, die Zwiebeln, den Knoblauch und das Basilikum mit dem Essig vermischen. Alles mit Zucker, Salz und Pfeffer abschmecken.

3 Nun das Baguette in Scheiben schneiden, mit Olivenöl bestreichen und grillen. Die marinierten Tomatenwürfel anschließend darauf verteilen und mit Basilikum garnieren.

Gefüllte Schinkensäckchen

Tipp:

Den Geschmack der Schinkensäckchen können Sie durch die Wahl des Schinkens sehr beeinflussen. Je nachdem, wie viel Sie ausgeben wollen, wählen Sie einen Serranoschinken oder einen Parmaschinken. Lassen Sie Ihren eigenen Geschmack entscheiden, welche Sorte Sie bevorzugen.

Zutaten

4 Birnen
Saft von 1 Zitrone
200 g Frischkäse
70 g gemahlene Walnüsse
1 TL Worchestersoße
Salz
Pfeffer
8 Walnusshälften

Zubereitung

1 Die Birnen zunächst waschen, abtrocknen und in der Länge halbieren. Mit einem scharfen Löffel das Kerngehäuse großzügig entfernen.

2 Den frisch gepressten Zitronensaft über die Birnenhälften träufeln oder diese mit Zitronensaft einreiben. So behalten die Birnen ihre appetitliche Farbe und bekommen ein frisches Aroma. Sollten die Birnen eine sehr feste Schale haben, dann empfiehlt es sich, sie zu schälen.

3 Den Frischkäse in einer kleinen Schale mit den gemahlenen Walnüssen verrühren und mit der Worchestersoße, Salz und Pfeffer abschmecken.

4 Mit einem kleinen Löffel den Frischkäse in die vorbereiteten Birnen streichen. Jede Birnenhälfte mit einer halben Walnuss garnieren und kalt stellen.

5 Servieren Sie die gefüllten Birnen mit frischem Baguette und einem gut gekühlten Weißwein!

Balsamico-Schalotten

Zutaten

500 g Schalotten
3 EL Olivenöl
3 EL Zucker
100 ml Balsamicoessig
Salz
Pfeffer

Zubereitung

1 Die Schalotten schälen und größere halbieren. Das Öl in einem breiten Topf erhitzen und die Schalotten darin bei sanfter Hitze glasig und goldbraun werden lassen. Mit dem Zucker bestreuen und vorsichtig wenden, bis alles goldgelb karamellisiert ist.

2 Mit Balsamicoessig ablöschen, mit Salz und Pfeffer abschmecken.

3 Die Schalotten aufkochen und bei sanfter Hitze ohne Deckel etwa 15 Minuten köcheln lassen, bis die Flüssigkeit verdampft ist und die Schalotten sirupartig überzogen sind. Dabei häufig umwenden. Warm oder kalt servieren.

Gefüllte Birnen

Tipp:

Gerade Birnen eignen sich besonders zum Füllen mit Käse. Birnen gibt es in vielen Geschmackssorten, für die Füllung können Sie aber auch einen sehr würzigen Käse wie zum Beispiel Blauschimmelkäse oder Camembert verwenden.

Zutaten

1 kg Frischkäse
1 Becher süße Sahne
1 Mango
1 EL Curry
1 Bund gemischte Kräuter
1 kleine Zwiebel
2 Knoblauchzehen
1 EL Meerrettich
1 Bund Radieschen
1 TL Rosenpaprika
Cayennepfeffer
Salz
Pfeffer

Zubereitung

1 Den Frischkäse in eine Schüssel geben und mit so viel Sahne wie nötig zu einer geschmeidigen Masse verarbeiten. Den Frischkäse mit Salz und Pfeffer abschmecken.

2 Die Zwiebel und den Knoblauch abpellen und fein hacken. Die Mango schälen und in feine Würfel schneiden. Die Kräuter abbrausen, die Blätter von den Stielen zupfen und fein hacken. Die Radieschen waschen, das Grün entfernen und die Radieschen in dünne Stifte schneiden.

3 Den Frischkäse auf vier Schüsseln verteilen.

4 In einer Schüssel die Mangostücke und den Curry untermischen, eventuell etwas nachwürzen.

5 Dann die Radieschenstifte und den Knoblauch unter das nächste Käseviertel mischen.

6 Mit den Zwiebelstücken, den Kräutern und dem Meerrettich die nächste Portion abschmecken.

7 Die letzte Schüssel Frischkäse mit dem Paprikapulver und dem Cayennepfeffer würzen.

Käsevariationen

Tipp:

Interessanter Frischkäse gehört zu jedem kalten Büfett. Reichen Sie dazu italienische Crispin oder französisches Baguette. Es macht sich auch gut, den Frischkäse in kleine Schälchen zu füllen und die dann mit dem Brot auf jeden Tisch zu stellen.

Zutaten

12 Käsekugeln (z. B. Babybel)
12 runde Backoblaten (40 mm Durchmesser)
schwarze Johannisbeermarmelade zum Bestreichen
100 g eingelegte Honiggurken
1 Apfel
1 TL roter Pfeffer
1 TL Senf
Salz
Pfeffer
Minzblättchen zum Verzieren

Zubereitung

1 Die Käsekugeln auspacken und mit einem kleinen runden Ausstecher die Mitte durchstechen. Den ausgestochenen Käse auf die Seite legen.

2 Den Apfel waschen, vierteln, das Kerngehäuse entfernen und das Fruchtfleisch in kleine Stücke schneiden. Die Honiggurken abschütten und mit dem Apfel und dem roten Pfeffer in einer Küchenmaschine zerkleinern. Das Mus mit Senf, Salz und Pfeffer abschmecken.

3 Die Oblaten mit etwas Marmelade einstreichen, die Käsekugeln darauf setzen, mit einem kleinen Löffel die Füllung in das ausgestochene Loch geben. Den Käsepfropfen darauf setzen und mit je einem Minzblatt verzieren.

Gefüllte Käsekugeln

Tipp:

Aus Käse am Stück lassen sich leckere kleine Häppchen zubereiten. Sie können sich im Geschäft dicke Scheiben schneiden lassen und sie dann zu Hause rund ausstechen. Die anfallenden Käsereste werden klein geschnitten zu einem Käsesalat verarbeitet.

Zutaten

6 Karotten
1 Brokkoli
1 kleiner Blumenkohl
200 g Champignons
3 Paprikaschoten

Für den Teig:
400 g Weizenmehl
½ TL Salz
1 Prise Muskat
200 ml Milch
3 Eigelb
3 Eiweiß
Frittierfett

Zubereitung

1 Die Karotten schälen und je nach Größe in mundgerechte Stücke zerkleinern. Den Brokkoli und den Blumenkohl waschen und in kleine Röschen zerteilen, die Champignons putzen. Die Paprikaschoten waschen, in Ringe schneiden und die Kerne entfernen. Das Gemüse kurz blanchieren.

2 Das Mehl in eine Schüssel geben, mit Salz und Muskat würzen. Die Milch und die Eigelbe zugeben und zu einem glatten Teig verrühren. Der Teig sollte so wie ein Pfannkuchenteig sein. Die Eiweiße sehr steif schlagen und unter den Teig heben.

3 Einen Topf erhitzen und das Frittierfett darin sehr heiß werden lassen. Ein Holzstäbchen in das Fett tauchen, wenn Bläschen an ihm hochsteigen, ist die richtige Temperatur erreicht.

4 Das Gemüse einzeln durch den Teig ziehen und in dem Fett goldgelb ausbacken. Das gebackene Gemüse auf Küchenpapier abtropfen lassen.

Mangochutney

Zutaten

2 große Mangos
3 Knoblauchzehen
5 cm Ingwer
200 g brauner Zucker
200 ml Obstessig

Zubereitung

1 Die Mangos halbieren, das Fruchtfleisch vom Kern lösen und in 1 cm große Würfel schneiden. Den Knoblauch abpellen und fein hacken. Den Ingwer schälen und fein reiben.

2 Zucker, Mangowürfel, Knoblauch und Ingwer in einen Topf geben, unter Rühren erwärmen und den Zucker bei kleiner Hitze schmelzen lassen. Wenn der Zucker geschmolzen ist, das Ganze mit dem Essig ablöschen.

3 Das Chutney bei kleiner Hitze unter ständigem Rühren 15 Minuten einkochen lassen.

4 Wenn Sie noch ein scharfes Chutney mitservieren möchten, teilen Sie die Menge und schmecken Sie den anderen Teil mit scharfem Paprikapulver und/oder Cayennepfeffer ab.

Gebackenes Gemüse

Tipp:

In Indien fehlt gebackenes Gemüse bei keiner Feier. Dort verwendet man allerdings für den Teig Kichererbsenmehl. Aber auch Maismehl und exotische Gewürze lassen jedes gebackene Gemüse anders sein.

Zutaten

500 g Fleischwurst
6 Tomaten
3 Köpfe Chicorée
1 Bund Frühlingszwiebeln
1 kleine Dose Kidneybohnen
3 EL Majonäse
1 EL Tomatenketschup
1 TL mittelscharfer Senf
½ TL Rosenpaprika
Salz
Pfeffer
frische Kräuter zum Garnieren

Zubereitung

1 Die Tomaten waschen, mit einem scharfen Messer den Stielansatz abschneiden und die Tomaten mit einem Löffel aushöhlen. Den Chicorée putzen, waschen, den Stielansatz ca. 1 cm abschneiden und vorsichtig die Blätter entfernen.

2 Die Frühlingszwiebeln putzen, das äußere Blatt entfernen und die Zwiebeln in feine Ringe schneiden. Die Kidneybohnen abgießen und gut abtropfen lassen.

3 Die Fleischwurst in feine Streifen schneiden und in eine Schüssel geben. Die Kidneybohnen, die Frühlingszwiebeln, die Majonäse, das Tomatenketschup und den Senf unterrühren, das Ganze mit dem Paprikapulver, Salz und Pfeffer würzen.

4 Den Salat in die Tomaten und die Chicoréeblätter füllen. Auf Platten anrichten, kurz vor dem Servieren mit frischen Kräutern garnieren.

Herzhafter Fleischwurstsalat

Tipp:

Pikanter Fleischwurstsalat ist stets etwas Leckeres. Selbst gemacht schmeckt er immer noch am besten. Sie wissen, was Sie hineingetan haben. Versuchen Sie den Salat auch einmal in der Variante mit Ananas oder Mango.

Zutaten

4 Zucchini
200 g Mozzarellakugeln
50 g eingelegte Paprikaschoten
4 Knoblauchzehen
1 Bund gemischte Kräuter
1 kleines Glas entsteinte Oliven
4 EL Olivenöl
Salz
Pfeffer

Zubereitung

1 Die Zucchini längs in dünne Scheiben schneiden, das geht am besten mit einer Aufschnittmaschine oder mit einem scharfen Gurkenhobel.

2 Die Knoblauchzehen abpellen, zerdrücken und fein hacken. Die eingelegten Paprikaschoten in 1 cm große Stücke schneiden. Die Kräuter abbrausen, ausschütteln und fein hacken.

3 Etwas Olivenöl in einer Pfanne erhitzen, etwas Knoblauch dazugeben, einen Teil der Zucchinischeiben von beiden Seiten braten, bis sie leicht braun werden. Aus der Pfanne nehmen und auf einem Küchenbrett auslegen. So weitermachen, bis alle Zucchinischeiben gebraten sind.

4 Die ausgekühlten Zucchinischeiben mit den Kräutern bestreuen, mit Salz und Pfeffer würzen, aufrollen und mit je einer Mozzarellakugel, einer Olive und einem Stück Paprika mit einem Zahnstocher zusammenstecken.

Zucchiniröllchen

Tipp:

Dieses Rezept stammt aus Griechenland, dort wird es allerdings mit Schafskäse gemacht. Da aber nicht jeder Schafskäse mag, hier das Ganze mit Mozzarella. Die frisch gehackten Kräuter machen sich geschmacklich besonders gut.

Zutaten

4 Entenbrüste
1 EL Bratfett
1 Glas schwarze Johannisbeermarmelade
1 Zwiebel
3 EL Balsamicoessig
1 EL Olivenöl
1 Chilischote
Salz
Pfeffer

Zubereitung

1 Die Entenbrüste abbrausen, dann das Wasser abstreifen und mit Küchenpapier trocknen. Das Fleisch salzen und pfeffern.

2 Das Bratfett in einer Pfanne stark erhitzen und die Entenbrüste auf der Hautseite zuerst ca. 6 Minuten braten. Dann wenden und weitere 6 Minuten braten. Das Fleisch aus der Pfanne nehmen und in Alufolie gewickelt erkalten lassen.

3 Die Zwiebel abpellen und fein hacken. Die Chilischote waschen, längs halbieren, die Kerne entfernen und das Fruchtfleisch fein hacken.

4 Das Öl in der gleichen Pfanne erhitzen, in dem die Entenfilets gebraten wurden. Die Zwiebel zugeben und braten. Die gesamte Johannisbeermarmelade sowie die Chili zugeben und aufkochen. Mit dem Essig, Salz und Pfeffer abschmecken.

5 Die Entenbrustfilets dünn aufschneiden und mit der Soße servieren.

Entenbrust mit pikanter Soße

Tipp:

Hier eine interessante Soße, die sehr gut zu allen kalten Braten passt. Der süßherbe Geschmack der schwarzen Johannisbeeren und das Scharfe der Chili ist das Besondere daran.
Die Entenbrust sollten Sie nicht zu lange braten, lieber länger in der Alufolie ruhen lassen. Sie bleibt dann so richtig saftig und wird nicht trocken.

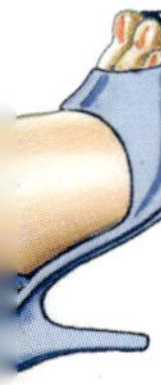

Zutaten

600 g in Scheiben geschnittener, geräucherter Lachs
200 g Sahnefrischkäse
1 Bund Dill
1 EL frisch geriebener Meerrettich
Salz
Pfeffer

Zubereitung

1 Den Dill abbrausen, ausschütteln und die Blätter von den Stielen zupfen. ⅔ der Blätter fein hacken.

2 Den Frischkäse in einer Schüssel mit dem Meerrettich und dem Dill vermischen. Den Käse mit Salz und Pfeffer abschmecken.

3 Die Lachsscheiben auf einem Küchenbrett auslegen, den Frischkäse darauf verteilen und dann Röllchen formen. Die Lachsröllchen für einige Zeit im Kühlschrank kalt stellen, sie lassen sich dann besser schneiden.

4 Die Lachs-Käseröllchen in 1 cm dicke Scheiben schneiden und mit dem restlichen Dill auf einer Platte dekorieren.

Lachsschnitten

Zutaten

1 Baguette
400 g gebeizter Lachs
1 EL Öl
1 kleines Glas Honiggurken
Salz
Pfeffer
Dill zum Garnieren

Zubereitung

1 Den Lachs ich Stücke reißen oder schneiden. Die Honiggurken in kleine Stücke schneiden. Alles miteinander vermischen, mit Salz und Pfeffer abschmecken.

2 Das Baguette in Scheiben schneiden. Das Öl in einer Pfanne erhitzen und die Baguettescheiben darin von einer Seite anrösten.

3 Den Lachs auf die geröstete Seite der Baguettescheiben verteilen und auf einer Platte mit Dill garniert servieren.

Gefüllte Lachsröllchen

Tipp:

Lachs gehört immer noch zu den besonderen Delikatessen, und das zu Recht. Der feine Geschmack – ob geräuchert oder gebeizt – ist immer etwas Besonderes. Bei einem kalten Büfett ist er meistens als Erstes weg. Selbst Menschen, die keinen Fisch mögen, machen beim Lachs eine Ausnahme.

Zutaten

1 Lachs (ca. 2 kg)
200 g Zucker
100 g Salz
1 EL Koriander-körner
1 Bund Dill
1 Zitrone

Zubereitung

1 Den Lachs waschen, filetieren und die Gräten entfernen. Die Haut bleibt am Fisch dran.

2 Den Dill abbrausen, die Blätter von den Stielen zupfen und grob hacken. Die Zitrone auspressen.

3 Aus dem Zucker, dem Koriander, dem Salz und dem Dill eine Mischung herstellen.

4 Den Lachs mit dem Saft der Zitrone beträufeln. Ein Lachsfilet mit der Hautseite nach unten auf eine Aluminiumfolie legen. Die Zucker-Salz-Mischung dick auf den Lachs auftragen. Mit dem zweiten Lachsfilet – die Hautseite nach oben – bedecken und mit der Alufolie fest verschließen. Ein Brett darauf legen und das Ganze beschweren.

5 Im Kühlschrank 2 Tage beizen. Dieser Beizvorgang entspricht einem Garprozess. Sie essen also keinen „rohen Fisch".

6 Danach den Lachs mit einem scharfen Messer aufschneiden.

Gebeizter Lachs

Tipp:

Graved Lachs ist ein ursprünglich skandinavisches Verfahren, den leicht verderblichen Lachs über die Fangsaison hinaus haltbar zu machen. Dazu werden die Lachsseiten mit Salz eingerieben. Das Salz wirkt hygroskopisch und entzieht dem Lachsfleisch Flüssigkeit. Dieses Verfahren entspricht also eher dem Pökeln als dem Beizen. Das Beizen von Lachs erhält den Geschmack des Lachsfleisches besser als das Räuchern.

Zutaten

9 Salzheringe
2 Karotten
½ Stange Lauch
2 Zwiebeln
1 EL Öl
2 Nelken
1 Lorbeerblatt
1 EL Senfkörner
250 ml Weinessig
500 ml Wasser

Für die Füllung:
Senf
1 Glas Gurken
2 Zwiebeln
4 eingelegte Paprikaschoten aus dem Glas

Zubereitung

1 Die Heringe waschen, säubern und für 12 Stunden in kaltes Wasser legen.

2 Die Karotten schälen und in grobe Stücke teilen. Den Lauch halbieren, waschen und in Ringe schneiden. Die Zwiebeln schälen und vierteln.

3 Das Öl in einem Topf erhitzen und das Gemüse darin anbraten. Anschließend die Gewürze zugeben, mit Wasser und dem Essig ablöschen, einmal aufkochen und erkalten lassen.

4 Die Heringe in ein geeignetes Gefäß legen, mit dem kalten Sud übergießen und über Nacht stehen lassen.

5 Die Gurken in kleine Streifen schneiden. Die Zwiebeln abpellen, halbieren und in Streifen schneiden. Die Paprikaschoten ebenfalls in Streifen schneiden.

6 Die Heringe filetieren, dabei die Gräten entfernen, und auf einem Küchenbrett auslegen. Dünn mit Senf bestreichen, mit Gurken- und Zwiebelstreifen belegen. Die Heringsfilets zu Rollmöpsen zusammenrollen, die Paprikastreifen darüber legen und das Ganze jeweils mit einem Zahnstocher sichern.

7 Die Rollmöpse auf einer Platte anrichten.

Matjesspieße

Zutaten

6 Matjesfilets
2 Äpfel
Silberzwiebeln
Paprikaschoten

Zubereitung

1 Die Matjes in Stücke schneiden. Die Äpfel waschen und in dünne Scheiben schneiden.

2 Aus je zwei Matjesstücken, einer Apfelspalte, einer Silberzwiebel und einem Stück Paprika einen Matjesspieß herstellen.

3 Zu den Rollmöpsen auf die Platte geben.

4 Dazu können Sie zusätzlich noch eine mit Apfelstücken verfeinerte Jogurtcreme reichen.

Tipp:

Selbst gemachte Rollmöpse kann man mit den gekauften nicht vergleichen. Vor allem enthalten Rollmöpse aus den Geschäften oft chemische Zusätze, die viele Menschen nicht vertragen.

Zutaten

12 Eier
100 g eingelegte, getrocknete Tomaten
½ Bund Kräuter der Provence
2 EL Balsamicoessig
2 EL Olivenöl
1 TL mittelscharfer Senf
Salz
Pfeffer

Zubereitung

1 Die Eier hart kochen, anschließend mit kaltem Wasser abschrecken und auskühlen lassen. Dann mit einem Sägemesser längs halbieren und mit einem Löffel vorsichtig das Ei aus der Schale holen. Die Eierschalen beiseite legen, eventuelle kleine Schalensplitter entfernen.

2 Die Kräuter abbrausen, ausschütteln und fein hacken. Die getrockneten Tomaten in kleine Würfel schneiden. Das Eiweiß und das Eigelb hacken und mit den Kräutern sowie den Tomatenstücken in eine Schüssel geben. Den Eiersalat mit dem Essig, dem Senf, dem Öl, Salz und Pfeffer abschmecken.

3 Den Eiersalat wieder in die Eierschalenhälften füllen und auf einer Platte anrichten.

Eiersalat in der Schale

Tipp:

Hier eine moderne Art, einen Eiersalat zu servieren. Der Salat stammt aus Italien und bekommt seine besondere Note durch die eingelegten getrockneten Tomaten.

Zutaten

10 Eier
2 EL Majonäse
2 EL mittel-scharfer Senf
Sahne zum Verdünnen
1 TL Rosenpaprika
1 TL Weinessig
Salz
Pfeffer

Zum Garnieren:
Schnittlauch, eingelegte, getrocknete Tomaten, grober Senf, grobes Paprikapulver, Fischrogen, Sardellen, Kapern usw.

Zubereitung

1 Die Eier 10 Minuten kochen, anschließend mit kaltem Wasser abschrecken und auskühlen lassen. Die hart gekochten Eier schälen und mit einem scharfen Messer halbieren. Das Eigelb vorsichtig herauslösen und in eine Schüssel geben. Die leeren Eihälften auf einen Teller legen.

2 Die Majonäse, den Paprika und den Senf zu dem Eigelb geben. Mit einem Schneebesen alles zu einer cremigen Masse verrühren. Sollte die Eimasse zu steif sein, mit ein oder zwei Esslöffeln Sahne cremiger machen. Die Eicreme mit Essig, Salz und Pfeffer abschmecken.

3 Die Masse in einen Spritzbeutel geben und die Eihälften damit füllen.

4 Die gefüllten Eier mit Schnittlauch, eingelegten, getrockneten Tomaten, grobem Senf, grobem Paprikapulver, Fischrogen, Sardellen, Kapern usw. garnieren.

Gefüllte Eier

Tipp:

Hier der Klassiker unter den Rezepten für kalte Platten. Gefüllte Eier gehören einfach dazu. Durch die Füllung, aber auch durch die Garnitur, bekommen die Eier eine ganz besondere Geschmacksnote.

Zutaten

1 Honigmelone
12 Scheiben gekochter Schinken
200 g Champignons
1 unbehandelte Zitrone
150 g Crême fraîche
Salz
Pfeffer

Zubereitung

1 Die Champignons putzen und in kleine Stücke schneiden. Von der Zitrone die Schale abreiben, die Zitrone auspressen und den Saft über die Champignons träufeln. Die Crême fraîche sowie die Zitronenschale unterrühren und den Salat mit Salz und Pfeffer abschmecken.

2 Die Schinkenscheiben auslegen, den Salat gleichmäßig darauf verteilen und den Schinken zu Röllchen zusammenrollen. Diese Röllchen in der Mitte durchschneiden.

3 Die Melone halbieren, die Kerne entfernen und das Fruchtfleisch mit einem Kugelausstecher herausholen.

4 Die Schinkenröllchen mit den Melonenkugeln auf einer Platte anrichten.

Schinkenröllchen mit Champignonsalat

Tipp:

Schinken- oder Bratenröllchen gehören als Standard zu jedem kalten Büfett. Leider werden sie oft mit schwer verdaulichen Füllungen versehen. Hier eine Füllung, die leicht und bekömmlich ist.

Zutaten

6 Artischockenböden aus der Dose
400 g Hähnchenbrustfilet
1 EL Öl
1 rote Paprikaschote
1 Becher Crème fraîche
1 EL Majonäse
1 EL Tomatenketschup
1 TL mittelscharfer Senf
1 EL Sherryessig
Zucker
Salz
Pfeffer
Salatblätter zum Garnieren

Zubereitung

1 Das Hähnchenbrustfilet mit Salz und Pfeffer würzen.

2 Das Öl in einer Pfanne erhitzen und das Hähnchenbrustfilet darin ca. 10 Minuten braten. Das Fleisch aus der Pfanne nehmen und abkühlen lassen. Dann das Fleisch in dünne Streifen schneiden.

3 Die Paprikaschote waschen, halbieren, das Kerngehäuse entfernen und das Fruchtfleisch zuerst in Streifen, dann in kleine Stücke schneiden. Mit den Fleischstreifen in eine Schüssel geben, mit der Crème fraîche, der Majonäse, dem Ketschup, dem Senf, dem Essig, Zucker, Salz und Pfeffer vermischen und abschmecken.

4 Den Geflügelsalat in die Artischockenböden füllen und mit Salatblättern garniert auf einer Platte anrichten.

Gefüllte Artischockenböden

Tipp:

Leckerer Geflügelsalat auf säuerlichen Artischockenböden – eine außergewöhnlich schmackhafte Kombination. Das Besondere an diesem Geflügelsalat ist, dass hier kein gekochtes, sondern gebratenes Fleisch verwendet wird.

Zutaten

400 g TK-Blätterteig
200 g Weißkraut
200 g Karotten
100 g frischer Sellerie
4 Scheiben Ananas aus der Dose
2 EL Essig
2 EL Distelöl
3 EL Majonäse
Salz
Pfeffer
½ Bund Dill

Zubereitung

1 Den Blätterteig 0,5 cm dick ausrollen. Runde Scheiben von etwa 7 cm Durchmesser ausstechen. Die Hälfte der Scheiben auf ein Backblech legen. Aus den anderen Scheiben innen einen Kreis von etwa vier 4 cm ausstechen, sodass Ringe entstehen.

2 Die Ringe auf die mit Wasser bestrichenen Blätterteigscheiben legen und vorsichtig andrücken. Die vorher ausgestochenen Innenkreise ebenfalls aufs Backblech legen. Etwa eine Stunde stehen lassen. Anschließend im vorgeheizten Backofen bei 180° C hellbraun ausbacken.

3 Das Weißkraut in dünne Streifen schneiden. Die Karotten abschälen und raspeln. Den Sellerie in feine Streifen schneiden. Die Ananasscheiben in kleine Würfel schneiden. Alles in eine Schüssel geben.

4 Den Essig und das Öl unterrühren und das Ganze ca. eine Stunde so stehen lassen. Die entstandene Flüssigkeit abgießen. Die Majonäse unterrühren und den Salat mit Salz und Pfeffer abschmecken.

5 Die Pastetchen mit Salat füllen und mit Dill oder den gebackenen Innenkreisen als Deckelchen dekorieren.

Tipp:

Kleine Blätterteigpasteten sind immer ein schöner Anblick bei einem kalten Büfett. Sie lassen sich auf sehr vielfältige Weise füllen. Mit kleinen Pasteten können Sie leckere Salate mundgerecht anbieten.

Zutaten

Für 6 Törtchen:
500 g Vollweizenmehl
250 g Pflanzenmargarine
⅛ l kaltes Wasser
etwas Meersalz

Für die Füllung:
6 Cocktailtomaten
100 g grüne Bohnen
2 mittlere Karotten
1 Zwiebel
70 ml Milch
2 Eier
50 g geriebener Käse
1 EL Olivenöl
Muskat
Salz
Pfeffer

Zubereitung

1 Das Vollweizenmehl, die Margarine und das Wasser sollten möglichst kalt sein. Man kann die Zutaten zuvor auch für eine Stunde in den Kühlschrank stellen. Dann alles gut mischen, verkneten und für 30 Minuten nochmals kühl stellen.

2 Anschließend den Teig ausrollen und in kleine Tortenförmchen drücken.

3 Die Tomaten waschen und in Scheiben schneiden. Die Bohnen putzen und in 2 cm lange Stücke schneiden.

4 Die Karotten schälen und in Scheiben schneiden. Die Zwiebel abpellen und fein hacken.

5 Das Öl in einer Pfanne erhitzen, die Zwiebel, die Bohnen und die Karotten darin ca. 5 Minuten braten. Das Gemüse mit Salz und Pfeffer abschmecken. Die Tomaten und das Gemüse auf die Törtchen verteilen.

6 Die Milch mit den Eiern und dem Käse in eine Schüssel geben, vermischen und mit Salz, Muskat und Pfeffer würzen.

7 Die Milchmischung über das Gemüse schütten und die Törtchen im Backofen bei 180° C ca. 25 Minuten backen.

8 Dazu schmeckt ein Frischkäse, den Sie mit Meerrettich, Salz und Pfeffer verfeinert haben.

Gemüsetörtchen

Tipp:

Kleine Törtchen lassen sich auf vielfältige Art und Weise herstellen. Das Prinzip ist immer gleich. Sie können mit der Füllung sehr variieren, hier eignet sich alles, von Hackfleisch über Gemüse bis zu Fisch. Diese Gemüsetörtchen sind in Frankreich sehr beliebt, fast jeder Bäcker verkauft sie dort. Überraschen Sie Ihre Gäste mal mit einem Stück Frankreich.

Zutaten

2 Packungen Blätterteig (à 250 g)
1 Ei zum Bestreichen
6 kleine Minisalamis
6 Garnelen
1 Knoblauchzehe
1 Tomate
100 g Feta
1 Bund gemischte Kräuter
2 Limetten
Salz
Pfeffer

Zubereitung

1 Den Knoblauch abpellen und fein hacken. Die Tomate waschen und in kleine Würfel schneiden. Die Kräuter abbrausen und fein hacken. Den Fetakäse klein würfeln.

2 Den Blätterteig ausrollen und mit einem Messer in ca. 10 cm große Quadrate schneiden. Die Teigränder mit Wasser bestreichen und jeweils Füllungen aus Garnelen, etwas Knoblauch und Kräutern, sowie aus Tomaten, Feta, Kräutern und Minisalamis herstellen. Die Füllungen mit Salz und Pfeffer würzen, auf dem Blätterteig verteilen.

3 Jeweils zwei gegenüberliegende Ecken über der Füllung aufeinander legen, etwas festdrücken und die Teilchen mit dem verquirlten Ei bestreichen.

4 Im Backofen bei 180° C ca. 15 Minuten backen. Den Blätterteig auskühlen lassen und auf einer Platte mit Limettenvierteln garnieren.

Blätterteig-Variationen

Tipp:

Mit Blätterteig lassen sich auf einfache Art und Weise leckere kleine Häppchen zubereiten. Zutaten für das Füllen solcher Blätterteigtaschen können sowohl Würstchen, Fleisch als auch Fisch usw. sein, ebenso Frischkäse und Gemüse.

Zutaten

350 g Mehl
25 g frische Hefe
250 ml lauwarmes Wasser
1 Prise Zucker
1 TL Salz
2 EL Olivenöl

Für den Belag:
1 Zwiebel
2 Knoblauchzehen
1 EL Olivenöl
200 g passierte Tomaten
1 EL getrockneter Oregano
Salz, Pfeffer
6 pikante Peperoni
100 g gekochter Schinken
100 g Salami
100 g Champignons aus der Dose
200 g geriebener Pizzakäse

Zubereitung

1 Das Mehl in eine Schüssel sieben und mit dem Salz vermischen. Die Hefe in das lauwarme Wasser einbröseln, den Zucker dazugeben, unterrühren und die Hefe auflösen. Dann ca. 10 Minuten stehen lassen.

2 Die Hefemischung mit dem Mehl vermengen und das Öl einarbeiten, dann so lange kneten, bis ein geschmeidiger, glatter Teig entstanden ist.

3 Den Teig an einem warmen Ort ca. 40 Minuten zugedeckt gehen lassen, nach dieser Zeit den Teig nochmals kräftig durchkneten.

4 Die Zwiebel und die Knoblauchzehen abpellen und fein hacken. Den Schinken und die Champignons in Streifen schneiden.

5 Das Öl in einem Topf erhitzen, die Zwiebel und den Knoblauch darin anbraten. Die passierten Tomaten hinzufügen, mit Oregano, Salz und Pfeffer abschmecken.

6 Mit einem Nudelholz den Pizzateig dünn ausrollen, anschließend mit einem Ausstecher von ca. 10 cm runde kleine Pizzen ausstechen. Die Pizzen mit den vorbereiteten Zutaten belegen, zuerst mit der Tomatensoße und dann mit den anderen Zutaten, der Käse kommt zuletzt.

7 Die Pizzen im vorgeheizten Backofen bei 200° C ca. 15 Minuten backen, herausnehmen, etwas auskühlen lassen und dann halbieren.

Minipizzen

Tipp:

Minipizzen sind gerade bei den kleinen Gästen sehr beliebt. Sie lassen sich in vielen Variationen zubereiten, von süßlich pikant bis herzhaft scharf. Wenn es schnell gehen soll, gibt es auch schon fertige Mini-Teigfladen, die Sie nur noch belegen müssen.

Zutaten

6 Tomaten-weizenfladen
6 Weizenfladen

Für die Tunfischfüllung:
500 g eingelegter Tunfisch
1 rote Paprikaschote
1 Bund Schnittlauch
1 Zwiebel
150 g Mais
4 EL Majonäse
2 EL Weinessig
2 EL Crême fraîche

Für die Frischkäsefüllung:
250 g Frischkäse
2 Tomaten
1 Bund Schnittlauch
Salz
Pfeffer

Zubereitung

1 Die Paprikaschote waschen, halbieren, das Kerngehäuse entfernen und das Fruchtfleisch in kleine Würfel schneiden. Den Schnittlauch abbrausen und in feine Röllchen schneiden. Die Zwiebel abpellen und fein hacken. Den Mais abschütten und die Maiskörner in eine Schüssel geben.

2 Den Tunfisch, die gewürfelte Paprikaschote, den Schnittlauch, die Zwiebel, die Majonäse, den Weinessig und die Crême fraîche zu dem Mais geben und alles vermischen. Die Füllung mit Salz und Pfeffer abschmecken.

3 Den Frischkäse in eine Schüssel geben. Die Tomaten waschen, vierteln, die Kerne entfernen und das feste Fruchtfleisch in Stücke schneiden. Den Schnittlauch in feine Röllchen schneiden. Alles miteinander vermischen und mit Salz und Pfeffer abschmecken.

4 Die Weizenfladen einzeln in einem Topf erhitzen.

5 Die jeweiligen Füllungen darauf verstreichen und die Fladen zusammenrollen. Etwas ruhen lassen, dann in ca. 3 cm breite Stücke schneiden. Auf einer Platte dekorativ anrichten.

Gefüllte Teigfladen

Tipp:

Den Ausdruck „Sandwich" kennen Sie aus den USA für belegte Weißbrotscheiben. „Wraps" sind sozusagen gerollte Sandwiches aus Pitabrot, Pfannkuchen, meist aber großen Tortillafladen, die verschiedenartig belegt und um die Füllung gewickelt werden. Typische Füllungen sind Salate, Fleischsoßen, Käse, Salsas.

Zutaten

3 Schweinefüße
3 Schweineohren
700 g magerer Schweinebraten
3 Liter Wasser
⅛ l Weinessig
1 kleine Sellerieknolle
1 Stange Lauch
1 Karotte
1 mittlere Zwiebel
1 Lorbeerblatt
3 Nelken
6 Pfefferkörner
1 Glas eingelegtes Gemüse
Salz
Pfeffer

Zubereitung

1 Die Schweinefüße grob zerkleinern. Das Gemüse waschen und putzen.

2 Die Schweinefüße und die Schweineohren mit dem kalten Wasser aufsetzen und zum Kochen bringen, währenddessen öfters abschäumen. Die Gewürze und das Gemüse zufügen und alles ca. 1 Stunde kochen.

3 Nach dieser Zeit den Schweinebraten zugeben und weitere 1 ½ Stunden kochen. Das gesamte Fleisch aus dem Topf nehmen. Die Brühe abseihen, in eine Schüssel zum Erkalten gießen und anschließend über Nacht in den Kühlschrank stellen.

4 Den Schweinebraten in kleine Stücke schneiden und ebenfalls kühl aufbewahren, die Schweinsfüße und -ohren sowie das Gemüse wegwerfen.

5 Am nächsten Tag von der Brühe die Fettschicht entfernen, die Sülze in ein Gefäß stürzen und den Bodensatz entfernen. Die Sülze erwärmen, mit Essig, Salz und Pfeffer abschmecken.

6 Die Fleischstücke vom Vortag in eine flache Schüssel oder Auflaufform legen. Die Sülzbrühe über das Fleisch schütten, so dass es gerade davon bedeckt ist. Das Ganze im Kühlschrank erstarren lassen.

7 Die Sülze auf ein Brett stürzen und in 4 cm große Würfel schneiden. Das eingelegte Gemüse abschütten und je ein Stück mit einem Zahnstocher auf einem Stück Sülze feststecken.

Sülzhäppchen

Tipp:

Sülze gehörte in früheren Zeiten zu den Standardgerichten auf deutschen Tischen. Da aber das Herstellen von Sülze etwas aufwändig ist, wird sie nicht mehr so oft serviert. Doch die Mühe lohnt sich immer. Hier ein Rezept, wie Sie eine schöne, leckere, magere Sülze herstellen.

Zutaten

800 g Räucherfisch (Aal, Lachs, Schillerlocken)
1 l Gemüsebrühe
3 EL Essig
10 Blatt Gelatine
1 Bund glatte Petersilie
Salz
Pfeffer

Zubereitung

1 Die Gemüsebrühe aufkochen, mit Essig, Salz und Pfeffer abschmecken.

2 Die Gelatine 5 Minuten in kaltem Wasser einweichen. In die Brühe einrühren, auflösen, dann die Brühe erkalten lassen. Die Petersilie abbrausen, trockenschütteln und die Blätter von den Stielen zupfen.

3 Den Räucherfisch vorbereiten, das heißt, Haut und Gräten entfernen.

4 Den Boden einer geeigneten Form mit etwas erkalteter Brühe bedecken, die Form in den Kühlschrank stellen und warten, bis die Flüssigkeit erstarrt ist. Die Fischstücke darauf legen, mit der Petersilie verzieren. Mit der Aspikflüssigkeit bedecken und wiederum erstarren lassen.

5 Vor dem Anrichten die Form kurz in heißes Wasser tauchen, den Aspik am Rand mit einem Messer lösen und auf eine Platte stürzen. Alles in mundgerechte Stücke schneiden und bis zum Verzehr kühl stellen.

Fisch in Aspik

Tipp:

Viele kulinarische Besonderheiten sind in der katholischen Religion verwurzelt. So schreibt der religiöse Kalender bestimmte Fastenzeiten und Festtage mit traditionell festgelegter Auswahl an Gerichten vor. Oft erkennen wir aber auch den Einfluss der jüdischen Küche, besonders in der Art der Zubereitung kalter Platten wie Fisch in Aspik.

Zutaten

500 g Mascarpone
250 ml Kaffee
3 Blatt Gelatine
4 Eigelb
4 Eiweiß
100 g Puderzucker
1 EL Zucker
6 EL Amaretto
150 g Löffelbiskuits
Kakaopulver
Salz

Zubereitung

1 Die Löffelbiskuits in einer viereckigen Auflaufform auslegen und mit Kaffee bestreichen.

2 Die Gelatine in kaltem Wasser einweichen. Die Eigelbe, den Puderzucker und den Amaretto zu einer cremigen Masse aufschlagen und mit dem Mascarpone sowie der in etwas heißem Wasser aufgelösten Gelatine vermischen. Die Eiweiße mit einer Prise Salz und 1 EL Zucker steif schlagen und vorsichtig mit der Eigelbcreme mischen.

3 Die Masse auf die Löffelbiskuits streichen. Anschließend im Kühlschrank mindestens 4 Stunden kühl stellen. Dann auf ein Schneidebrett stürzen, mit Kakaopulver bestreuen und in Stücke schneiden.

Tipp:

Tiramisu ist ein italienisches Dessert, das auf viele verschiedene Arten zubereitet werden kann. Als Grundlage werden immer Löffelbiskuits oder auch Amaretti verwendet, die mit einer Flüssigkeit, z. B. Fruchtsaft oder Alkohol, getränkt werden. Tiramisu können Sie auch mit einer Schicht aus Früchten der Saison zubereiten. Dieses Dessert lässt sich gut vorbereiten und über Nacht abgedeckt im Kühlschrank aufbewahren. So können die Zutaten ihr volles Aroma besser entfalten.

Zutaten

200 g Sahne
4 Eigelb
100 g Zucker
Saft von 2 Zitronen
375 ml Rotwein
1 EL Stärkemehl
einige Blättchen Zitronenmelisse

Zubereitung

1 Die Sahne sehr steif schlagen. Die Eigelbe mit Zucker schaumig rühren. Das Stärkemehl nach und nach unterheben. Dann den Zitronensaft und den Wein einrühren.

2 Die Eigelb-Wein-Mischung unter Rühren auf dem Herd bei geringer Hitze heiß werden lassen. Sobald die Masse dick zu werden beginnt, die Creme vom Herd nehmen. Weiterrühren und die Creme etwas abkühlen lassen.

3 Die Schlagsahne unter die Creme ziehen. Die Weincreme in Weingläser oder Sektschalen füllen und mit den Melisseblättchen dekorieren.

Weinschaumcreme

Tipp:

Ein leicht vorzubereitendes Dessert, das immer reißenden Absatz findet. Sie können diese Weinschaumcreme abwandeln, indem Sie Weißwein verwenden. Denken Sie aber daran, dass diese Creme immer nur so gut schmeckt wie der Wein, den Sie dazu verwenden.

Zutaten

1 l Milch
50 g Butter
150 g Zucker
1 unbehandelte Zitrone
250 g Grieß
2 Eier
1 Prise Salz

Zubereitung

1 Von der Zitrone die Schale abreiben. Die Milch mit der Butter, dem Zucker, dem Salz und der Zitronenschale aufkochen und den Grieß einrühren. Unter ständigem Rühren eine Minute aufkochen. Die Masse von der Kochstelle nehmen, die zwei Eier einzeln mit dem Kochlöffel schnell unterrühren und das Ganze abkühlen lassen.

2 Inzwischen einen großen Topf mit Salzwasser aufstellen und zum Kochen bringen. Wenn das Wasser kocht, mit zwei Teelöffeln kleine ovale Klößchen formen und in das Wasser einlegen. Bei schwacher Hitze gar ziehen lassen.

3 Die Klößchen mit dem Schaumlöffel aus dem Wasser heben und in eine Schüssel legen. Zuvor auf den Boden der Schüssel einen umgedrehten Dessertteller legen, damit sich das Wasser darunter sammeln kann und die Klößchen trocken werden.

Rote Grütze

Zutaten

250 g Erdbeeren
250 g Kirschen
125 g rote Johannisbeeren
125 g schwarze Johannisbeeren
60 g Himbeeren
25 g Speisestärke
300 g Zucker

Zubereitung

1 Zunächst die roten und schwarzen Johannisbeeren sowie die Himbeeren waschen, die Johannisbeeren von den Stielen befreien. Dann mit ½ Liter Wasser aufkochen und vom Herd nehmen. Den Saft noch etwas ziehen lassen.

2 Inzwischen die Kirschen waschen, halbieren und die Kerne entfernen. Die Erdbeeren waschen und halbieren oder vierteln. Nun den Saft von den Johannis- und Himbeeren durch ein Sieb in einen Messbecher gießen und die Fruchtmasse gut durchstreichen. Den Saft mit Wasser auf 1 Liter auffüllen.

3 Die Speisestärke mit etwas Saft anrühren. Den Saft zusammen mit dem Zucker erneut aufkochen und mit der kalt angerührten Speisestärke andicken. Die Kirschen und Erdbeeren vorsichtig unterheben und die Grütze in eine Glasschüssel umfüllen.

4 Damit sich keine Haut bildet, noch mit etwas Zucker bestreuen und erkalten lassen.

Grießklößchen

Tipp:

Wenn sie Grießklößchen hören, denken viele an ihre Kindertage zurück. Grieß in den verschiedensten Zubereitungsarten war früher eine häufige Zutat, vor allem bei der Kinderernährung. Oft war es auch des Guten zu viel. Doch die leicht nach Zitrone schmeckenden kleinen Grießklößchen mit roter Grütze sind der richtige Abschluss eines herzhaften Büfetts.

Zutaten

500 g Mehl
30 g Hefe
60 g Zucker
250 ml Milch
50 g Butter
1 Prise Salz
1 unbehandelte Zitrone
4 Eier
Backfett zum Frittieren
Puderzucker zum Bestäuben

Zubereitung

1 Die Milch handwarm erhitzen und die Hefe und den Zucker einrühren, ca. 10 Minuten gehen lassen.

2 Aus dem Mehl, der Milch-Hefe-Mischung, der Butter und einer Prise Salz einen Hefeteig herstellen. Von der Zitrone die Schale abreiben, darunter kneten und den Teig 30 Minuten gehen lassen.

3 Einen Topf erhitzen und das Frittierfett darin sehr heiß werden lassen. Ein Holzstäbchen in das Fett tauchen, wenn Bläschen an ihm hochsteigen, ist die richtige Temperatur erreicht.

4 Mit einem Teelöffel Teigstücke abstechen und in dem heißen Fett ausbacken. Herausnehmen und auf Küchenpapier abtropfen lassen.

5 Den Puderzucker kurz vor dem Servieren über die Krapfen streuen.

Kleine Hefekrapfen

Tipp:

Schmalzgebäck, wie die Leute früher dazu sagten, wird immer wieder gerne gegessen. Die großen Krapfen sind ein sehr sättigendes Gebäck. Hier eine Varicnte mit kleinen, leckeren Krapfen, die leicht und bekömmlich sind.

REGISTER

Artischockenböden, gefüllte 60
Ayvar 28

Balsamico-Schalotten 34
Birnen, gefüllte 34
Blätterteig-Variationen 66
Braten, marinierter 26
Bruschetta 32

Eier, gefüllte 56
Eiersalat in der Schale 54
Entenbrust mit pikanter Soße 46

Fisch in Aspik 74
Fleischwurstsalat, herzhafter, in Tomaten und Chicorée 42

Gemüse, gebackenes 40
Gemüsetörtchen 64
Grießklößchen 80

Hackfleischbällchen, orientalische 28
Hähnchenkeulen, panierte 22
Hefekrapfen, kleine 82

Käsekugeln, gefüllte 38
Käsevariationen 36

Lachs, gebeizter 50
Lachsröllchen, gefüllte 48
Lachsschnitten 48

Mangochutney 40
Matjesspieße 52
Minifrikadellen 16
Minipizzen 68

Pastetchen 62
Pumpernickel-Häppchen 20
Putenbraten mit Walnusspesto 22

Rollmöpse 52
Rouladen, gefüllte 26
Rote Grütze 80

Sandwiches 14
Sauerrahmsoße 24
Schinkenröllchen mit Champignonsalat 58
Schinkensäckchen, gefüllte 32
Schnitzel, pikante kleine 24
Schweinelende, pochierte, mit Rucolapesto 18
Schweinelende, fruchtige 12
Spitzpaprika, gefüllte 30
Sülzhäppchen 72

Teigfladen, gefüllte 70
Tiramisu 76
Tomaten, gefüllte 30

Weinschaumcreme 78

Zucchiniröllchen 44

Genehmigte Lizenzausgabe
EDITION XXL GmbH
Fränkisch-Crumbach 2005
www.edition-xxl.de

Küche und Fotos: G. Poggenpohl, Wismar
Foodstyling: Caterina Marx
Illustration: Herbert Pohlner

ISBN 3-89736-118-3